Isabelle Darras

Dans l'œil du cyclone

AF203095

Ernst Klett Verlag
Stuttgart · Leipzig

Table des matières

1. Auflage   1   8 7 6 5 4 | 28 27 26 25 24

Alle Drucke dieser Auflage sind unverändert und können im Unterricht nebeneinander verwendet werden. Die letzten Zahlen bezeichnen jeweils die Auflage und das Jahr des Druckes.

Das Werk und seine Teile sind urheberrechtlich geschützt. Jede Nutzung in anderen als den gesetzlich zugelassenen Fällen bedarf der vorherigen schriftlichen Einwilligung des Verlages. Hinweis zu § 52 a UrhG: Weder das Werk noch seine Teile dürfen ohne eine solche Einwilligung eingescannt und in ein Netzwerk eingestellt werden. Dies gilt auch für Intranets von Schulen und sonstigen Bildungseinrichtungen.
Fotomechanische Wiedergabe nur mit Genehmigung des Verlages.

© Ernst Klett Verlag GmbH, Stuttgart 2010. Alle Rechte vorbehalten.
Internetadresse: http://www.klett.de

Umschlag: Sabine Koch, Stuttgart.
Illustration: Sabine Koch, Stuttgart.
Druck: AZ Druck und Datentechnik GmbH, Kempten/Allgäu
Printed in Germany.
ISBN 978-3-12-591842-9

9 783125 918429

Liebe Schülerinnen und Schüler!

Lesen sollte vor allem Spaß machen. Deswegen findet ihr in *Dans l'œil du cyclone* nicht nur ein spannendes Thema, sondern ihr begebt euch auch auf eine Reise auf eine französische Insel, die Tausende von Kilometern von Paris entfernt ist: nach *Martinique*.

Ihr werdet ihre Landschaften, ihre geographische Beschaffenheit, ihre Geschichte und ihre kulinarischen Spezialitäten kennen lernen.
Ihr werdet feststellen, dass man auf dieser Insel der Antillen Französisch, aber auch Kreolisch spricht. Die Einwohner von Martinique sprechen im Alltag, unter Freunden und in der Familie Kreolisch.
Das Kreolische von Martinique ist ursprünglich eine Variante des Französischen, welche von den Sklaven gesprochen wurde und die sich im Laufe der Zeit zu einer eigenständigen Sprache entwickelt hat.

So kommt beispielsweise das kreolische Wort *dlo* vom französischen *eau*.
Der kreolisches Ausdruck *I bon* bedeutet *c'est bon* auf Französisch.
Die kreolischen Wörter mit *w* stammen oft von einem französischen Wort mit *r* ab; so wird aus dem französischen *problème* im Kreolischen *pwoblèm*.

Die kreolische Sprache ist ein zentraler Bestandteil der Kultur und der Identität der Einwohner von Martinique. Sie wird übrigens auch am Gymnasium und an der Universität unterrichtet.

Viel Spaß beim Lesen und eine gute Reise nach *Martinique*!

Avant la lecture

1. La couverture *(Umschlag)*

a) Regardez le dessin. Décrivez-le.
b) Faites des hypothèses sur l'histoire du livre.

2. Le titre

Lisez le titre du livre. Qu'est-ce que « l'œil du cyclone » ?

3. Dans le livre

a) Ouvrez le livre, regardez les pages et lisez la quatrième de couverture *(Rückentext)*. Que savez-vous déjà sur l'histoire ? Où se passe l'histoire ?
b) Lisez les titres de la table des matières (page 2). Quelles nouvelles informations donnent ces titres sur l'histoire ?
c) Observez maintenant chaque chapitre, qu'apprenez-vous sur la forme du récit ? Quels sont vos indices ?

1 Gaston arrive.

Sainte-Anne, mardi 19 août.
7h30. Je ferme les yeux. J'essaie d'être plus forte que ma
peur. Pas facile. J'ai la chair de poule. C'est à cause de
Gaston. Il me fait une peur bleue. J'écris « bleue » parce 5
que c'est ce qu'on dit en français. Mais ma peur, je la vois
blanche.

D'un continent à l'autre, les couleurs ne signifient pas la
même chose pour chacun d'entre nous. Ici, en Martinique,
le noir et le blanc sont les deux couleurs du deuil. En 10
métropole, c'est seulement le noir, symbole de nuit.
Pour moi, le blanc est la couleur des cauchemars. Je fais
les mêmes depuis que je suis petite. Je rêve que je tombe.
Rien ne m'arrête. Je tombe éternellement. Tout est blanc
autour de moi et je manque d'oxygène. 15

Pour oublier ma peur, j'écris. C'est mon habitude. Ecrire
me change les idées. De toute façon, pour le moment, je

---

8 **un continent** ein Kontinent — 10 **le deuil** die Trauer — 11 **la métropole** die
Metropole, *hier:* Frankreich. — 12 **un cauchemar** ein Albtraum — 14 **éternellement**
unaufhaltsam — 16 **une habitude** eine Gewohnheit

n'ai rien d'autre à faire. Dans quelques heures, Gaston sera là.

Gaston n'est pas un monstre ou un serial killer. C'est un cyclone qui tourne dans l'Atlantique à 300 ou 200
5 kilomètres d'ici, peut-être moins. Il a un prénom de grand-père, mais c'est un terrible. Ses vents vont à plus de 170 km/heure et provoquent de grosses vagues sur la côte comme si la mer était très en colère.
A cause de lui, dans quatre heures, la Martinique sera en
10 alerte rouge. Tout le monde devra rester à l'abri et moi, je ne pourrai pas voir Christian avant un long moment.

Mon amoureux n'est, pourtant, pas très loin d'ici. Il habite pour quelques jours chez des amis de sa famille qui ont un hôtel. Mais depuis hier soir, je n'ai pas le droit de sortir.
15 Maman a oublié ce qu'est l'amour. Elle m'énerve trop en ce moment. Je ne sais pas pourquoi je lui ai obéi. Dans trois jours, nous rentrons chez nous en métropole et 8000 kilomètres me sépareront de Christian. Rien que d'y penser, je me sens mal.
20 Cela fait déjà trois semaines que nous sommes en Martinique et c'est comme si j'habitais ici depuis toujours. Les plus belles vacances de ma vie !
En ce moment, nous sommes chez mon arrière-grand-père, à Sainte-Anne, au sud de l'île. Ici, la mer est partout
25 et les plages comme dans les rêves. Papa Fernand vit tout seul dans sa maison en bois jaune, pas très loin du centre. A 87 ans, il passe son temps sur la terrasse ou dans le salon à regarder le portrait de Man Té, sa femme morte il y a dix ans. Un cadeau de son ami Maurice, un artiste. Le portrait
30 est si beau, si vivant que, quand on entre dans la pièce, c'est comme si Man Té allait nous parler.

---

7 **provoquer** verursachen — 7 **une vague** eine Welle — 9 **être en alerte rouge** in höchster Alarmbereitschaft sein — 10 **à l'abri** in Sicherheit — 12 **pourtant** dennoch — 16 **obéir à qn** jdm gehorchen, *hier:* auf jdn hören — 23 **un arrière-grand-père** ein Urgroßvater

Le téléphone n'arrête pas de sonner depuis ce matin. Papa Fernand répète toujours les mêmes mots :

– Eti ? … Pa ni pwoblèm! Pa ni pwoblèm!

Toute la famille est inquiète pour mon arrière-grand-père… et pour nous aussi. Est-ce que nous, qui venons de métropole, nous serons capables de nous débrouiller dans la tempête ? 5

Papa Fernand rit :

– Henriette voulait savoir si nous étions prêts. C'est une vraie mère-poule. Elle oublie que c'est moi son père ! 10

Je ris aussi. Ma grand-mère est comme ça : elle est souvent inquiète, mais, là, je crois que c'est normal. Tout le monde dit que Gaston va tout ravager.

Le cyclone n'impressionne pas du tout Papa Fernand. Il dit que sa vieille maison créole est solide. J'espère 15 bien car j'adore cette maison. J'aime aussi le jardin avec ses hibiscus, ses bougainvilliers, ses cocotiers, ses flamboyants. Des colibris viennent souvent y faire une pause. C'est magnifique. Est-ce qu'un cyclone peut vraiment changer ce paradis en enfer ? 20

Ce matin, Papa Fernand s'est levé, comme tous les jours, en même temps que le soleil, vers 5h30. Il a bu un café et il est allé avec maman inspecter la maison, les portes, les fenêtres, le garage. C'était bizarre de voir ma mère marcher à côté de son grand-père et de se dire qu'elle aussi avait 25 été une petite-fille, puis une ado comme moi.

Ensemble, Papa Fernand et maman parlaient créole. Il lui demandait parfois :

– Ou ka comprendre ?

---

3 **Eti ? (mot créole)** Qu'est-ce qu'il y a ? — 3 **Pa ni pwoblèm ! (mots créoles)** Pas de problème ! — 7 **une tempête** ein Sturm — 10 **une mère-poule** eine Glucke — 13 **ravager** verwüsten — 14 **impressionner qn** jdn beeindrucken — 17 **un hibiscus** ein Hibiskus — 17 **un bougainvillier** eine Bougainvillea — 17 **un cocotier** eine Kokospalme — 17 **un flamboyan**t ein Flammenbaum — 18 **un colibri** ein Kolibri — 20 **le paradis** das Paradies — 20 **l'enfer** die Hölle — 23 **inspecter** untersuchen — 26 **un(e) ado** ein Jugendlicher/eine Jugendliche — 28 **parfois** manchmal — 29 **Ou ka comprendre ? (mots créoles)** Est-ce que tu comprends ?

Elle lui répondait toujours « wi » comme si elle n'avait jamais quitté son île, comme si elle n'était pas partie pendant 14 ans. Puis Maurice, le peintre du portrait de Man Té, qui est aussi un voisin, est passé. Tous les matins,
5 lui et Papa Fernand ont l'habitude de refaire le monde. J'aime bien les écouter discuter tous les deux même si je ne comprends rien. Ils ont presque 90 ans et ils rigolent toujours. Tout à l'heure, Papa Fernand m'a dit :
— Maurice, c'est mon grand copain. Il est aussi blanc que
10 moi je suis noir. Mais, en réalité, on est pareils. Dans nos têtes, on a toujours 15 ans et on s'amuse de tout !

2 Tout savoir sur les cyclones

8h30. Maintenant, Papa Fernand boit tranquillement son *dlo coco*. Il en boit toute la journée. Il dit que c'est le
15 « secret de sa santé » car le lait de coco est riche en sels minéraux. Parfois, il met même un peu de rhum ou il se fait un Ti Punch.

Sa chienne Lucette dort contre ses jambes, sur ses pieds. Elle tremble, alors Papa Fernand lui parle et la caresse.
20 Il m'explique qu'elle déteste les cyclones, les hommes à chapeaux et la télévision. Quant à Schœlcher, son vieux chat, il a disparu depuis hier soir. On l'a cherché partout dans le jardin et dans le quartier, mais il n'est toujours pas rentré.
25 Papa Fernand me regarde : ça doit se voir que je suis inquiète à cause de Gaston qui arrive. Il me demande :
— Bon, Fanny, est-ce que tu sais ce qu'est un cyclone ?

---

1 **wi (mot créole)** oui — 10 **être pareil que/à qn** so wie jemand sein, gleich sein — 14 **dlo coco (mot créole)** lait de coco (Kokosmilch) — 15 **un secret** ein Geheimnis — 15 **riche en sels minéraux** reich an Mineralsalzen — 16 **le rhum** der Rum — 17 **Ti Punch (mot créole)** Longdrink mit Rum, Rohrzuckersirup und Limette(nsaft) — 18 **un chien/une chienne** der Hund/ die Hündin — 19 **trembler** zittern — 19 **caresser qn/qc** jdn/etw. streicheln — 21 **quant à** was … betrifft

– Bof ! Pas vraiment…

Mon arrière-grand-père me fait un clin d'œil. J'aime bien cette façon qu'il a de transformer son visage comme s'il était en pâte à modeler.

– Je vais t'expliquer !   5

Je ne le comprends pas toujours bien à cause de son accent et sa façon de parler différente même en français. S'il mélange dans ses phrases du français et du créole, c'est la catastrophe ! Mais, là, je sens bien que Papa Fernand fait un effort pour moi.   10

– Tu vois, Fanny, un cyclone, c'est une grande masse de vapeur d'eau qui tourne autour d'elle-même avec des vents au centre qui peuvent aller à plus de 300 km/ heure.

Avant, quand il travaillait, Papa Fernand n'était pas   15
météorologue. Il était employé sur une plantation de canne à sucre. Quand la plantation a fermé, en 1969, mon arrière-grand-père est devenu apiculteur. A son âge, il doit avoir une grande expérience des tempêtes tropicales. Chaque année, il y en a deux ou trois en Martinique.   20

Moi, Gaston, c'est mon premier cyclone.

Jusqu'à cet été, je n'avais jamais été à la Martinique. C'est pourtant sur cette toute petite île française, perdue dans l'archipel des Caraïbes, au large de l'Amérique centrale, pas très loin du Venezuela, que je suis née, il y a 14 ans.   25
A Thionville où j'habite, de l'autre côté de l'Atlantique, dans le nord de la Lorraine, tout près du Luxembourg, il y a du verglas, de la neige, des orages, mais jamais de cyclone.

---

2 **faire un clin d'œil à qn** jdm zuzwinkern — 4 **la pâte à modeler** die Knetmasse —
8 **mélanger** mischen — 10 **un effort** eine Anstrengung — 12 **la vapeur d'eau** der
Wasserdampf — 16 **un(e) météorologue** ein Meteorologe/eine Meteorologin —
16 **une plantation de canne à sucre** eine Zuckerrohrplantage — 18 **un(e)
apiculteur(-trice)** ein(e) Imker(in) — 24 **l'archipel des Caraïbes** der karibische
Archipel — 24 **au large de** vor der Küste von — 28 **le verglas** das Glatteis — 28 **la
neige** der Schnee

Papa Fernand me dit :
– Un cyclone peut faire 1000 kilomètres : la taille de la France ! Un seul cyclone, c'est l'énergie de plusieurs bombes atomiques.

5 Je suis bouche bée. Maintenant, je sais tout sur les cyclones, mais je ne suis pas plus zen.

Papa Fernand semble lire en moi.
– Pa ni pwoblèm ! Garde ton sang-froid, ma doudou !

La chienne Lucette et moi, on se comprend. Pour ça, on
10 est solidaires. Mais, faut pas croire : je ne suis pas la seule à être inquiète. Beaucoup de Martiniquais aussi. Depuis hier, c'est la panique sur l'île. Les gens sont vite aller dans les stations essence et dans les supermarchés. Sucre, chocolat, lait, bouteilles d'eau, ils ont fait des réserves.
15 Avec un cyclone, on ne sait jamais ce qui peut arriver. On annonce la plus grande tempête tropicale des 50 dernières années.

Je m'étire. Je souffle tout l'air en moi. Je dois faire partir cette peur qui me fait mal au ventre. « *Zen, soyons zen* »,
20 dit une chanson de Zazie. Depuis que j'écris, ça va un peu mieux.

3 Prêts à tout

10h30. Le ciel n'est pas beau tout à coup, gris et jaune, sale. J'ai aidé maman à mettre des serpillières sous les portes.
25 On a été chercher un réchaud à gaz dans la cave et aussi les réserves que Papa Fernand prépare toujours au début de la saison des pluies. Maman s'est encore énervée parce

---

5 **être bouche bée** mit offenem Mund staunen, *(oder)* baff sein *(ugs.)* — 8 **garder son sang-froid** einen kühlen Kopf bewahren — 8 **ma doudou (mot créole)** meine Liebe, mein Schätzchen — 13 **une station [d']essence** eine Tankstelle — 14 **faire des réserves** Vorräte anlegen — 18 **s'étirer** sich strecken, sich recken — 23 **le ciel** der Himmel — 24 **une serpillière** ein Scheuerlappen — 25 **un réchaud à gaz** ein Gaskocher

que j'avais oublié de prendre des bouteilles d'eau. Très grave ! Qu'est-ce qu'elle est nerveuse en ce moment !

Je m'installe derrière l'ordinateur dans la salle à manger. Là, je suis comme dans une bulle, tranquille. Mais un garçon à dreadlocks entre tout à coup. C'est Raphaël, mon frère jumeau, qui se réveille et qui est super cool comme si le cyclone ne l'intéressait pas. Il dit :

– Bonjou ! Sa ka maché ?

Mon frère a décidé d'apprendre le créole. Il commence toujours ses phrases en créole, puis continue en français.

– J'espère que Gaston va vite passer !

Raphaël et moi, on ne se ressemble pas. Nous avons juste le même air de famille, la même peau café au lait et un même regard vert émeraude. Il adore se moquer de moi :

– C'est pas vrai ? Tu as peur, toi, Fanny ? Cool, petite sœur !

– T'as pas compris que c'est le cyclone du siècle qui arrive ?

On se dispute souvent en ce moment, Raph et moi. Man Henriette dit que c'est normal. D'après elle, à nos âges, entre frère et sœur, on est souvent comme chien et chat. Elle nous promet que, plus tard, nous serons les meilleurs amis. Je suis sceptique. Maman ne nous a pas vraiment montré l'exemple. Pendant 14 ans, elle n'a parlé ni à ses frères ni à sa sœur. Elle ne risquait pas de se disputer avec eux.

Maman est notre problème numéro un, en ce moment, à Raph et à moi. Le seul sujet sur lequel nous sommes d'accord.

Tout a commencé, il y a huit mois. Le 1er janvier, on lui a dit qu'on avait tous les deux le même vœu pour la nouvelle année : partir en vacances aux Antilles. Elle nous a tout

---

2 **nerveux (-euse)** nervös, aufgeregt — 4 **être comme dans une bulle** wie unter einer Glocke/in seiner eigenen Welt sein — 6 **jumeau (-elle)** Zwillings- — 8 **Bonjou ! (mot créole)** Bonjour ! — 8 **Sa ka maché ? (mots créoles)** Ça va ? — 12 **se ressembler** sich ähneln — 14 **un regard** ein Blick — 31 **un vœu** ein Wunsch

de suite dit qu'elle ne pourrait pas réaliser notre rêve. Elle avait toute une liste de prétextes : l'argent, le temps, l'avion, etc. Raphaël et moi, on n'a pas laissé tomber. On lui a répété qu'on voulait vraiment découvrir la terre où on 5 était nés et où vivait toute notre famille. Des gens qu'on ne connaissait pas et qu'on voulait rencontrer.

Je me souviens du jour, c'était au printemps, où maman a fini par accepter. Raphaël a dit, les larmes aux yeux :

– C'est quand même normal d'avoir envie de voir d'où on 10 vient. Même mon copain Freddy a été en Martinique. Il dit que c'est le paradis ! Tout le monde le dit!

Les yeux de maman sont devenus transparents. Ils regardaient si loin tout à coup. Elle a murmuré :

– Un paradis, la Martinique ? Ça dépend pour qui !

15 Je lui ai demandé :

– C'est à cause de papa, c'est ça ? C'est pour ça que tu ne veux pas y aller, maman ?

Maman a serré les lèvres. Elle a fait non avec la tête. Raphaël m'a fusillé du regard. Je savais ce qu'il pensait.

20 Pour lui, papa était un sujet interdit, tabou, trop sensible. Pas question de parler de notre père avec maman.

On sait depuis toujours, Raph et moi, combien il lui manque toujours quinze ans après. Papa est mort quelques semaines avant notre naissance, dans les eaux

25 tranquilles des Caraïbes, pendant qu'il se promenait en catamaran. Personne n'a compris comment un grand sportif comme lui avait pu tomber du bateau et se noyer. Quelques mois après le drame, nous n'étions encore que des bébés, maman nous a mis dans ses valises et on a

30 quitté la Martinique. Elle a décidé de vivre seule avec nous

---

2 **un prétexte** eine Ausrede — 3 **laisser tomber** fallen lassen, *hier:* von etw. ablassen, mit etw. aufhören — 8 **avoir les larmes aux yeux** Tränen in den Augen haben — 12 **transparent** durchsichtig, *hier:* glasig — 13 **murmurer** murmeln, flüstern — 14 **ça dépend** das hängt von … ab — 18 **serrer les lèvres** die Lippen zusammenpressen — 19 **fusiller du regard** jdn mit Blicken töten — 20 **tabou** verboten — 24 **une naissance** eine Geburt — 27 **se noyer** ertrinken — 29 **mettre qn dans sa valise** jdn schnappen, jdn (ein)packen

loin de l'île où elle avait perdu l'homme de sa vie. Jusqu'à cet été, elle n'était jamais revenue.

Je me demande comment elle a fait pendant tout ce temps pour ne pas rentrer. N'a-t-elle jamais eu besoin de revoir sa famille ? Ces questions, je me les pose depuis notre arrivée en Martinique. Je voudrais en parler avec elle, mais elle est de mauvaise humeur depuis le début des vacances, je ne la reconnais pas et je ne sais pas comment parler de ce sujet avec elle. 5

Mon frère et moi, nous avons les yeux verts de notre père. 10 Nous savons peu de choses sur lui. Depuis qu'on est tout petits, on imagine des histoires autour de papa. Parfois, tous les deux, quand maman n'est pas là, on regarde des photos de lui qu'elle garde dans sa chambre. Il y a une photo que j'aime beaucoup. Papa et maman sont ensemble sur 15 la photo. Ils ont l'air contents. Elle est une jeune fille très belle à la peau noire. Elle fait beaucoup plus jeune que lui. Lui, il porte les cheveux blonds un peu longs.

Le prénom de papa, c'était Patrick. Patrick Delalande. Delalande, c'est un nom courant ici. Je l'ai vu un peu 20 partout sur des magasins, des camions, au supermarché, etc. Ça m'a fait bizarre. Raphaël et moi, on ne porte pas le nom de notre père. On s'appelle Fanny et Raphaël Balmy. C'est le nom de la famille de maman.

L'hiver dernier, pour la première fois, avec Raph, on s'est 25 dit que maman avait assez pleuré la mort de papa, qu'il était temps qu'elle nous montre son île. On a pensé aussi que ce serait bien qu'elle trouve un amoureux. Mais, ça, c'est encore autre chose.

Un matin, donc, maman a fini par dire : 30

– Si, si, on va y aller !

---

7 **être de mauvaise humeur** schlecht gelaunt sein — 11 **depuis que** seitdem —
20 **courant(e)** geläufig — 21 **un camion** ein Lastwagen

Le soir même, elle est revenue avec trois billets d'avion pour Fort-de-France.

Mon frère et moi, on était les plus heureux du monde. On savait que ce voyage serait difficile pour elle. Mais ça ne
5 nous faisait pas peur à Raph et à moi : on allait l'aider.

En fait, rien ne s'est passé avec maman comme on l'avait imaginé. Quelque chose s'est cassé entre elle et nous. Quand, comment cela s'est-il passé ? Je ne sais pas. Nous n'arrivons plus à discuter avec elle comme si nous ne
10 parlions plus la même langue.

Je ne sais pas si maman s'en rend compte, mais elle fait tout pour nous gâcher nos vacances. Elle ne veut rien partager avec nous. Si nous lui disons que la nature est magnifique, elle nous parle des problèmes d'environnement, des
15 pesticides, de la disparition des tortues. C'est vrai que ça existe. Mais maman ne nous parle que de ce qui va mal. A l'écouter, son île est une poubelle, un piège à touristes. Comme si cela ne lui faisait pas plaisir de nous voir contents en Martinique. Trop nul !

20 4 Le téléphone ne fonctionne pas.

11h00. Le téléphone sonne encore. J'entends d'abord la voix douce de Papa Fernand puis la voix de maman qui crie.

– Fanny, c'est pour toi ! C'est Christian !

25 Je cours jusqu'au téléphone. Maman me le donne en faisant la tête.

   – Tu fais vite. Pendant un cyclone, les lignes de téléphone doivent être libres pour les secours.

---

3 **heureux(-euse)** glücklich — 7 **se casser** zerbrechen — 12 **gâcher** verderben —
12 **partager qn/qc avec qn/qc** jdn/etw. mit jdm/etw. teilen — 15 **un pesticide** ein
Pestizid — 15 **la disparition** das Aussterben — 15 **une tortue** eine Schildkröte —
17 **un piège** eine Falle — 22 **doux/douce** sanft — 26 **faire la tête** schmollen —
28 **les secours** die Notrufe

Je ne dis rien. Je prends le téléphone et je vais dans les toilettes. Je veux être tranquille. Je n'ai jamais été aussi amoureuse d'un garçon. Quand j'ai vu Christian sur la plage, dans *la baie du trésor*, le plus bel endroit du monde, ça a été le coup de foudre. Christian est si beau ! 5
17 ans, des cheveux blonds et des yeux bleus ! Depuis trois semaines, on ne se quitte pas. Il se débrouille pour suivre notre voyage en Martinique. Il a toujours quelque part des amis ou de la famille chez qui aller.

– Allô, Christian ? 10

Personne ne répond.

– Christian ?

Silence. Je n'entends plus rien dans le téléphone, aucune tonalité. J'attends quelques minutes. La ligne doit être coupée. Je raccroche. J'attends dans les toilettes que le 15
téléphone sonne à nouveau. Je me dis que Christian va rappeler, mais que la vie est injuste. Dans trois jours, les vacances sont finies. Avec maman et Raph, on rentrera à Thionville. Si je pouvais mettre Christian dans ma valise, ce serait merveilleux ! Je rêve trop. Christian et moi, on a 8000 20
kilomètres entre nous. J'espère que les météorologues se sont trompés. Leur marge d'erreur est de 150 kilomètres : la trajectoire du cyclone va peut-être éviter la Martinique !

Les minutes passent dans les toilettes. Christian ne rappelle pas. Je crois que le téléphone ne fonctionne plus. Bien sûr, 25
quelqu'un finit par frapper à la porte. C'est Raph :

– Tu ouvres ?

– Oui, c'est bon, ça va ! J'ouvre.

Raph est devant moi. Maman aussi. Je demande, énervée :

– Qu'est-ce que vous avez ? Vous voulez ma photo ? 30

Puis je me tourne vers maman :

---

4 **La baie du trésor** Die Schatzbucht — 4 **un endroit** ein Ort — 14 **une tonalité** ein Freizeichen — 15 **coupé(e)** unterbrochen — 15 **raccrocher** wieder auflegen — 17 **injuste** ungerecht — 20 **merveilleux(-euse)** wunderbar — 22 **se tromper** sich irren — 22 **une marge d'erreur** eine Fehlergrenze, *hier:* eine Fehlerspanne — 23 **une trajectoire** ein Kurs —26 **frapper à la porte** anklopfen

– Je ne peux ni voir Christian ni lui parler. Tu es contente ?

Maman riposte :

– Ne dis pas n'importe quoi ! Un peu de distance ne peut pas te faire de mal !

– Un peu de distance ? Très drôle !

Pourquoi maman est si méchante ? J'ai envie de pleurer tout à coup. Elle ajoute :

– A 14 ans, on ne tombe pas amoureux pour toute la vie !

– Et toi, quand tu as rencontré papa, tu avais quel âge ?

Elle ne répond rien, mais son regard me suffit. Maman avait 16 ans, papa en avait 23. Elle est tombée enceinte deux ans plus tard. C'est dans ces moments que je voudrais avoir un père, pour ne pas être toute seule face à ma mère.

J'entends la voix de Papa Fernand :

– Mes doudous ! Arrêtez !

Je vais dans ma chambre. Si je n'avais pas oublié mon portable dans l'aéroport, je n'aurais pas eu à partager le téléphone avec tout le monde. La vie sans portable, c'est l'enfer ! Je suis triste de ne pas avoir parlé à Christian. Qui sait ce qui peut se passer pendant un cyclone ? J'espère qu'il ne lui arrivera rien.

5 La Martinique passe au rouge.

11h30. Schœlcher n'est toujours pas rentré. Le vieux chat de Papa Fernand ne peut pas le savoir, mais c'est officiel : la Martinique est en alerte rouge. J'ai tellement peur que j'ai de plus en plus mal au ventre. Ecrire ne m'aide plus vraiment, mais je continue. Si je ne le faisais pas, ce serait pire ! Avec Raphaël, on regarde une dernière fois les bulletins météo. Ils racontent tous la même chose :

---

3 **riposter** erwidern — 12 **tomber enceinte** schwanger werden — 29 **pire** schlimmer — 30 **un bulletin météo** ein Wetterbericht

le cyclone arrive tout droit sur nous. La seule chose que les météorologues ne peuvent pas dire c'est où le cyclone passera exactement : au nord, au sud, à l'est, à l'ouest ? Mystère !

Depuis une semaine, tout le monde ne parlait que de Gaston. Mais, moi, je réalise seulement maintenant. Jusqu'ici pour moi, la Martinique, c'était le paradis. 26-27 degrés dans l'air. 30 degrés dans l'eau. Des alizés pour caresser la peau. Le soleil. Des paysages magnifiques et très différents sur une toute petite île : 64 kilomètres de long pour 22 kilomètres de large. Le volcan de la Montagne Pelée, la forêt vierge au nord, le sable noir, les falaises ocres côté Atlantique et la mangrove entre mer et campagne, les champs de canne à sucre, les cocotiers, les plantations de bananes, les plages sauvages du sud…

J'ai lu dans mon guide que Christophe Colomb, quand il a mis les pieds en Martinique, le 15 juin 1502, a dit de l'île : « C'est la plus belle chose que j'aie jamais vue ». Le surnom de la Martinique, c'est « l'île aux fleurs », *Madinina* dans la langue des Indiens caraïbes, les premiers habitants.

Pour moi, la Martinique est bien plus qu'un endroit de rêve. Ici, je me sens chez moi. Quand on est arrivés avec Raph et maman, j'ai eu l'impression de revenir à la maison après un long voyage. Je n'avais, pourtant, aucun souvenir de notre vie ici. Je n'avais que quelques mois quand nous sommes partis pour la métropole. En cours d'allemand, cette année, j'ai appris un mot qu'on ne peut pas vraiment traduire en français : *Heimat*, c'est l'endroit où l'on est chez soi. Je crois que la Martinique est mon *Heimat*.

8 **un alizé** ein Passatwind — 9 **un paysage** eine Landschaft — 11 **un volcan** ein Vulkan — 12 **la forêt vierge** der Urwald — 12 **une falaise** eine Klippe — 12 **ocre** ockerfarben — 14 **un champ de canne à sucre** ein Zuckerrohrfeld — 15 **sauvage** wild — 23 **une impression** ein Eindruck — 29 **chez soi** zu Hause

Quand nous sommes descendus de l'avion, Raphaël, maman et moi, on a eu un choc. On a lu nos trois prénoms sur une pancarte que des gens tenaient au-dessus de leurs têtes :

5 « Bienvenue en Martinique Jeanne, Fanny et Raphaël ! »
Au moins trente personnes étaient à l'aéroport pour nous. Quel accueil ! Mes deux oncles, José et Sébastien, avec leurs femmes, ma tante Françoise avec son mari, mes cousins et aussi toute une foule de copains et de voisins.

10 On avait l'impression d'être des stars du rock. Maman pensait que personne ne nous attendrait à l'aéroport. Elle était bouleversée. Plus tard, elle a pleuré longtemps dans les bras de ses parents, Man Henriette et Papa Jean-Claude. Moi aussi j'ai pleuré.

15 Avec Raphaël, on s'est débrouillés comme on a pu avec tous ces gens qu'on ne connaissait pas, mais qui, eux, nous connaissaient et savaient même tout sur nous.

Je ne pensais pas que notre famille était si grande. Pour moi, jusqu'à présent, on était trois : maman, Raphaël et

20 moi.

A Thionville, on a beaucoup d'amis, mais on n'a personne qu'on peut appeler oncle, tante, cousin, grand-père, grand-mère. J'étais tellement surprise et émue que, dans ma tête, tous les prénoms se mélangeaient. Il y avait tellement de

25 monde que c'était comme si toute l'île me saluait, comme si toute la Martinique était de ma famille.

Dans la foule, Christian était déjà là, avec son copain, mon cousin Francis. Mais, le coup de foudre, c'était pour le lendemain, pas très loin de chez mes grands-parents.

30 Quand j'ai rencontré Christian, j'ai pensé : « J'espère que ce garçon n'est pas un de mes cousins ! » Je me suis renseignée. Nous ne sommes pas de la même famille. C'est logique. Nous n'avons pas la même couleur de peau. Lui est très blanc. Mais on ne sait jamais avec la génétique !

---

3 **une pancarte** ein Schild, ein Plakat — 12 **bouleversé(e)** erschüttert — 23 **ému(e)** gerührt — 31 **se renseigner** sich erkundigen

6 Au paradis, l'enfer existe aussi.

13h00. Je déteste Gaston. C'est à cause de lui si je ne suis pas avec Christian. Heureusement, il y a une bonne nouvelle : Schœlcher est revenu à la maison. On l'a entendu miauler très fort. On se demandait ce qui lui était arrivé. 5
En fait, Schœlcher n'était pas tout seul. Une petite chatte l'accompagnait. Il n'a accepté d'aller dans la maison que lorsque la petite chatte est rentrée. Qu'est-ce qui lui arrive au vieux chat ? En tout cas, Schœlcher est arrivé juste à temps car, dehors, il a plu très fort tout à coup. 10

Je reviens à mon sujet : maman.
Je me mets à sa place. C'est sûr que la disparition de papa a dû être un cauchemar pour elle. Elle était enceinte quand c'est arrivé. Après, elle a quitté la Martinique pour commencer une nouvelle vie ailleurs et pour oublier. 15
Mais je ne comprends pas pourquoi elle a coupé tout contact avec sa famille. Ils sont si gentils avec nous ! Ils nous ont tous invités dans leur maison. En trois semaines de vacances, ce n'était pas possible d'aller chez chacun d'eux. On a fait le maximum : une nuit ici, un repas là. On 20
est restés presque toutes les vacances chez les parents de maman, Papa Jean-Claude et Man Henriette qui habitent à *La Trinité*, sur la côte atlantique. Avec Man Henriette, qu'est-ce qu'on a mangé ! Elle est chef de cuisine d'un restaurant aussi grand qu'un cagibi. Elle nous a fait goûter 25
toutes les spécialités martiniquaises. Moi, j'aime surtout le pain au beurre et le gratin de cristophines (ce sont des fruits vert clair ou jaunes en forme de poire). J'ai bien regardé comme elle faisait et je lui ai demandé ses recettes car maman ne cuisine pas souvent et encore moins des 30
plats antillais.

---

5 **miauler** miauen — 9 **arriver à temps** rechtzeitig ankommen — 25 **un cagibi** eine Abstellkammer — 31 **un plat** ein Gericht

Jean-Claude, lui, nous a raconté l'histoire de la Martinique pendant des heures, mais c'était passionnant. On l'écoutait en mangeant des glaces pendant que maman parlait avec Henriette sur la terrasse. Il nous a beaucoup parlé de la colonisation et de l'esclavage. Ça m'a fait bizarre quand Jean-Claude a dit :

– N'oubliez jamais que vous êtes des descendants d'esclaves.

C'est peut-être bête à dire, mais je crois que je n'avais pas encore vraiment réalisé que j'avais du sang d'esclave dans mes veines avant de venir en Martinique. C'est si loin, cette histoire !

Mon grand-père a continué :

– Victor Schœlcher a beaucoup fait pour abolir l'esclavage en 1848. Après 1848, pour remplacer les esclaves dans les plantations, les blancs ont fait venir des Indiens, des Africains, des Libanais, des Chinois etc., d'où le mélange des populations à la Martinique...

Raphaël a réagi :

– Oui, comme nous, on est un mélange !

Jean-Claude a fait oui avec la tête, mais il est vite passé à autre chose comme si ce que disait Raph ne lui plaisait pas. Il a continué à nous parler de la Martinique d'aujourd'hui, à la fois un département et une région française, comme sa voisine, *la Guadeloupe*. Mais, selon mon grand-père, la France continue ici d'agir comme une puissance coloniale. Il n'aime pas beaucoup les fonctionnaires métropolitains qu'on appelle « *les métros* », et qui viennent travailler en Martinique parce que leur traitement sera augmenté de 70% !

---

2 **passionnant(e)** fesselnd — 5 **la colonisation** die Kolonisation — 7 **un(e) descendant(e)** der Nachkomme — 10 le **sang** das Blut — 11 **une veine** eine Ader — 14 **abolir l'esclavage** die Sklaverei abschaffen — 15 **remplacer** ersetzen — 26 **agir** handeln — 26 **une puissance coloniale** eine Kolonialmacht — 27 **un(e) fonctionnaire** ein Beamter/eine Beamtin — 29 **le traitement** die Bezüge — 29 **augmenter** erhöhen

– Les racistes, a ajouté Papa Jean-Claude, ce sont surtout les « békés » !

Sur la terrasse, maman a sursauté. Elle a regardé son père. Je crois qu'elle voulait parler, mais elle n'a rien dit. Raphaël a demandé : 5

– Les « békés » ?

– Oui, les blancs créoles, les descendants des colons du 17ᵉᵐᵉ siècle. Ce sont des gens qui veulent rester entre eux et qui n'aiment pas les Noirs. Ils sont restés les vrais « maîtres de la Martinique ». Ils contrôlent toujours une 10 grande partie de l'économie. Ils possèdent, par exemple, plus de 50% des terres agricoles, 40% des supermarchés. Ils ont un quasi monopole sur les hôtels, etc. Mais ils ne représentent que 1% de la population.

Maman a posé l'album de photos sur la table et a quitté la 15 terrasse pour aller marcher dans le jardin.

Man Henriette a crié:

– Tu exagères toujours. Tous les békés ne sont pas comme ça… et ne parle pas à tes petits-enfants comme si tu étais avec tes camarades syndicalistes ? 20

Raphaël a ouvert grand les yeux. A ce moment-là, il a dû comprendre d'où lui venait son envie d'être chaque année délégué de classe et de défendre les autres élèves face aux profs. Il a presque crié :

– T'es dans un syndicat ? 25

Jean-Claude a fait oui avec la tête puis il a expliqué :

– Ça fait 20 ans maintenant. Il y a toujours trop d'inégalités en Martinique. Entre janvier et mars 2009, on a même fait une grève générale parce que la vie est trop chère, ici.

Avec Raph, on s'en souvenait. La grève avait touché, 30 pendant 44 jours, tous les secteurs de l'économie et les

---

3 **sursauter** aufschrecken — 7 **un colon** ein Kolonist — 10 **un maître** ein Herr — 11 **l'économie** die Wirtschaft — 12 **les terres agricoles** die landwirtschaftlich nutzbaren Landstriche — 18 **exagérer** übertreiben — 20 **un(e) syndicaliste** ein(e) Gewerkschaftler(in) — 23 **un(e) délégué(e) de classe** ein(e) Klassensprecher(in) — 23 **défendre** verteidigen — 27 **une inégalité** eine (soziale) Ungleichheit — 29 **une grève générale** ein Generalstreik — 30 **toucher** betreffen

écoles aussi. On avait vu les images à la télé car, déjà, tout ce qui concernait la Martinique commençait à nous intéresser.

– Ici, tout est plus cher qu'en métropole. Faire ses courses
5   coûte 30% de plus qu'à Paris. Seul le rhum est moins cher ici. Pour le reste, il faut être riche, propriétaire ou fonctionnaire pour vivre bien ici.

Petit à petit, grâce à Jean-Claude, on a compris que, pour les habitants de la Martinique, la vie est souvent plus dure
10   qu'elle en a l'air. Ici, plus de 20% des gens sont au chômage. 38% des jeunes n'ont pas de travail. A ce moment-là, j'ai pensé à ce que maman nous avait dit avant de partir et qu'on n'avait pas pu comprendre, Raph et moi :

– Un paradis, la Martinique ? Ça dépend pour qui !

15 ## 7 Tempête familiale

14h30. Je mange des chips sucrées de banane plantain et du chocolat aux pépites d'ananas. Lucette qui se cache sous la table me regarde avec envie. Des vents violents font trembler la maison. On a coupé le courant, débranché
20   tous les appareils électriques. Maintenant, c'est comme s'il faisait nuit dans la maison. On a allumé des bougies un peu partout dans la salle à manger où on s'est tous installés, Papa Fernand, Raphaël, maman et moi. De temps en temps, on regarde le baromètre. La pression
25   n'arrête pas de baisser, signe que le cyclone arrive vers nous. On écoute la radio, le seul média, maintenant, qui nous permet de savoir ce qui se passe.

---

10 **le chômage** die Arbeitslosigkeit — 16 **des chips sucrées** süße Chips — 16 **une banane plantain** eine Kochbanane — 17 **une pépite** *hier:* ein Stückchen — 18 **violent(e)** heftig — 19 **trembler** zittern — 19 **débrancher** abschalten — 21 **allumer** anzünden — 21 **une bougie** eine Kerze — 24 **la pression** der Luftdruck — 25 **baisser** sinken

Maman joue aux cartes, elle fait des réussites. Raphaël a attaché autour de sa tête une lampe et lit le dictionnaire français-créole. Papa Fernand est assis dans son rocking-chair : de temps en temps, il nous dit un poème d'Aimé Césaire, le grand poète martiniquais. Mais même en français les textes d'Aimé Césaire ne sont pas faciles à comprendre. 5

Dehors, c'est le déluge. Il pleut des cordes, mais ce n'est pas encore tout à fait ça, le cyclone.

15h00. On entend des bruits très forts contre la porte. 10 Au début, on croit que c'est le cyclone. Puis, on entend quelqu'un qui demande qu'on lui ouvre. On se regarde tous, Papa Fernand, maman, Raphaël et moi. Et si quelqu'un était en danger ? Mon arrière-grand-père crie :
– Ka sa yé ? Ka ki là ? 15
– Christian !

Je rêve. Quand mon arrière-grand-père ouvre, mon amoureux est là, devant nous trempé de la tête aux pieds, mais souriant. Papa Fernand lui commande d'entrer.
– Vite ! 20

Je cours vers mon héros tout mouillé. Comme ça, avec ses cheveux blonds brillants de pluie et son t-shirt devenu transparent, il est encore plus beau. Mais Papa Fernand n'a pas l'air très content, lui. Sa voix est dure quand il parle en créole à Christian. Maman ajoute : 25
– Toi, un garçon des îles, tu ne sais pas qu'il faut rester chez soi ? Tu es fou ou quoi ?

Christian sourit, un peu effronté quand même :
– Oui, je suis fou de votre fille !

---

1 **faire des réussites** Fortschritte machen — 8 **un déluge** ein Sturzregen — 8 **Il pleut des cordes**. Es regnet Bindfäden. — 10 **un bruit** ein Geräusch — 15 **Ka sa yé ? Ka ki là ? (mots créoles)** Qu'est-ce que c'est ? Qui est là ? — 18 **trempé de la tête aux pieds** triefend nass von Kopf bis Fuß — 19 **souriant(e)** lächelnd — 21 **un héros/ une héroïne** ein(e) Held(in) — 21 **mouillé(e)** nass — 22 **brillant(e)** glänzend — 28 **effronté(e)** unverschämt

Maman secoue la tête :

– N'importe quoi !

Elle regarde Christian de haut en bas. Elle ne rigole pas du tout. Si Papa Fernand n'avait pas été là, je crois bien qu'elle l'aurait laissé dehors. Depuis le début, je sais bien que maman déteste mon amoureux. Pour elle, il n'a pas une seule qualité. Elle a essayé plusieurs fois de m'interdire de le voir, mais on n'est plus au Moyen Âge !

Jusque là, j'ai gardé mon self-control. Je n'avais pas envie de passer les vacances à me disputer avec maman. Pourtant, cette fois-ci, j'explose. Sur le fond, elle a raison. C'était une bêtise de traverser Saint-Anne en pleine alerte rouge. Mais elle ne peut pas parler à Christian sur ce ton ! Comme si mon copain était un chien, moins qu'un chien même. Alors, je lui dis ce que je pense. Mais, dans ces moments-là, les mots dépassent vite les pensées :

– Christian est blanc, ça te dérange ? Si tu avais un copain, tu arrêterais de t'occuper toujours de nous. Il te faut quelqu'un, tu ne vas pas rester toujours toute seule parce que tu as perdu l'homme de ta vie, il y a presque quinze ans !

C'est sorti comme ça devant Papa Fernand qui me regarde avec des yeux ronds. Il murmure :

– Ma doudou…

Maman, évidemment, est furieuse :

Je continue :

– Tu es jalouse de moi ? Parce que j'ai un copain, c'est ça ?

Je dis un peu n'importe quoi. Mon frère essaie de m'arrêter :

– Fanny !

---

1 **secouer la tête** den Kopf schütteln — 7 **une qualité** eine Stärke — 11 **exploser** platzen — 11 **sur le fond** grundsätzlich — 12 **une bêtise** eine Dummheit — 16 **dépasser** übersteigen — 16 **une pensée** ein Gedanke — 17 **déranger qn** jdn stören — 25 **furieux(-euse)** wütend

Mais je le prends à témoin :

– Tu as bien vu, toi aussi Raph ? Toute la famille est super gentille avec maman, mais elle, elle fait la tête depuis le début !

Papa Fernand veut calmer tout le monde :   5

– I bon, Fanny ! Tu ne dois pas parler comme ça à ta mère. Tu dois la respecter.

Christian fait maintenant une de ces têtes. Il n'avait pas pensé que son acte de courage aurait cette conséquence : une crise dans notre famille !   10

A ce moment-là, on entend la radio annoncer que la Martinique est passée en alerte violette :

– Le cyclone, c'est maintenant une question de minutes ! Personne ne doit sortir. Il est interdit de circuler dehors !   15

8 Calme trompeur

16h00. J'ai entendu dire que le vent peut arracher des maisons. Il emporte souvent les toits. J'espère que la maison de Papa Fernand va résister ! Mon arrière-grand-père a confiance.   20

Après la dispute avec ma mère, Christian et moi, on est partis dans ma chambre. On entend le bruit du vent contre la maison et on la sent si fragile, comme si elle était en papier. Avec Christian, on est assis par terre, protégés des deux fenêtres par un grand canapé. Il me met les écouteurs   25 de son lecteur MP4 sur les oreilles pour que je n'entende plus le cyclone. Il me fait écouter des musiques d'ici, du

---

1 **prendre qn à témoin** jdn als Zeugen nehmen — 6 **I bon.** (**mots créoles**) Ça va. — 8 **faire une de ces têtes** ein komisches Gesicht machen — 9 **un acte de courage** eine mutige Tat — 14 **circuler** unterwegs sein — 16 **trompeur(-euse)** trügerisch — 17 **arracher** mit-/umreißen — 18 **emporter** mitnehmen — 18 **un toit** ein Dach — 19 **résister** widerstehen — 25 **un canapé** ein Sofa — 25 **les écouteurs** die Kopfhörer — 26 **un lecteur MP4** MP4-Player

zouk, des biguines et aussi des chansons de Jimmy Cliff et de Bob Marley. A la Martinique, la musique est comme la mer, toujours là. Christian me demande :

– Tu connais le groupe Kassav ?

5 Je fredonne tout de suite :

– Si nous té pran tan pou nou té palé. Kolé séré nou té ké ka dansé…

Christian se moque de moi :

– Bravo !

10 – Kassav, c'est vieux! Mais, même à Thionville, on les connaît…

– C'est un groupe important, ici. Ils disent que la musique, c'est le seul médicament que les Martiniquais ont.

On reste longtemps comme ça, côte à côte, à n'écouter 15 que la musique comme si le cyclone n'existait pas. Je dis à Christian qu'il a bien fait de venir quand même. A ce moment-là, quelqu'un frappe à la porte et entre. C'est Papa Fernand. Avec Christian, on est un peu surpris. Mon arrière-grand-père sourit :

20 – I bon… Je voulais juste montrer quelque chose à Fanny.

Papa Fernand me donne une sculpture en bois. Elle représente un arbre. On dirait de l'art africain. Il m'explique :

25 – C'est mon ami Maurice qui a fait cet arbre avec du bois des forêts tropicales. Il te plaît ?

– Oui, bien sûr. C'est très beau.

– C'est pour toi, Fanny. Tu vois, comme les arbres, nous avons tous des racines. Toi, moi, Christian. Ta mère 30 aussi… sauf que ta mère est tombée de l'arbre. Sois patiente avec elle, Fanny. Ta mère, elle a eu des moments très difficiles dans sa vie…

---

5 **fredonner** summen — 6 **Si nous té pran tan pou nou té palé. Kolé séré nou té ké ka dansé… (mots créoles)** Si nous avions pris le temps pour parler. Collés-serrés, nous serions en train de danser. (Wenn wir uns die Zeit genommen hätten, zu sprechen, würden wir gerade eng umschlungen tanzen.) — 18 **surpris(e)** überrascht — 22 **une sculpture en bois** eine Holzschnitzerei — 29 **une racine** eine Wurzel — 31 **patient(e)** geduldig

Il a dit ça avec sa voix douce de vieil homme solide. Je prends la sculpture, je suis bouleversée. Je n'ai pas le temps de répondre, il est déjà parti. Autour de nous, il me semble ensuite que quelque chose a changé. Tout est calme tout à coup. Je demande à Christian : 5
– Tu crois que le cyclone est fini ?
– Non, c'est calme parce qu'on est dans l'œil du cyclone…
   Tu vas voir, la tempête va repartir…
Alors, Christian prend ma main. Il est très sérieux tout à coup et il dit le moins fort possible : 10
– Tu sais, la Martinique, c'est une île tellement petite qu'ici, on sait tout sur tout le monde. C'est même parfois étouffant. Moi, je n'ai qu'une envie, c'est de passer mon bac et de faire mes études en métropole… Dans un an !
– Pourquoi tu me dis ça, Christian ? 15
– Papa Fernand a raison. Ta mère, c'est pas ce que tu crois…
– Qu'est-ce que tu sais ?
– Ce n'est pas moi qui dois te raconter…
– S'il te plaît… 20
Christian réfléchit. Puis il dit :
– Tu ne te demandes pas pourquoi tu n'as pas rencontré la famille de ton père ?
Je regarde Christian, ses cheveux blonds, son regard bleu de mer. Je réalise que ni Raph, ni moi n'avons pensé à 25 aller voir la famille de notre père. Nous n'avons même pas cherché à savoir où elle habitait.
Christian me demande :
– Ton père, c'était un Delalande, c'est ça ?
– Oui. Il s'appelait Patrick Delalande. 30
– Tu sais, les Delalande, c'est une grande famille de békés. Comme ma famille, mais plus riche et plus puissante. C'est le plus grand groupe de l'île, une multinationale.

---

3 **autour de qn/qc** um jdn/etw. herum — 13 **étouffant(e)** erdrückend — 32 **puissant(e)** mächtig, einflussreich

Je comprends alors pourquoi j'ai vu le nom des Delalande un peu partout en Martinique. Christian continue :
– Ton père et ta mère, c'était une histoire comme Roméo et Juliette, le fils des békés et la fille du syndicaliste.

5 Mon cerveau fonctionne mal. Les mots de Papa Jean-Claude me reviennent sur la colonisation et l'esclavage. Je réagis avec quelques secondes de retard et je pose, enfin, la question :
– Tu es un béké ?

10 Christian rit.
– Ben oui, j'appartiens à cette minorité ! Pourquoi tu me regardes comme ça ? Ça change quelque chose entre nous ?

Tout à coup, je me sens bizarre. Pour la première fois,
15 je m'intéresse à la généalogie d'un de mes amoureux. D'habitude, je ne me demande pas qui sont ses parents, ce qu'ils font dans la vie, d'où ils viennent. Comment ai-je pu oublier que j'étais métisse, fille d'un homme blanc et d'une femme noire ? Une mulâtresse qui sort avec un
20 béké ?

Christian répète sa question :
– Est-ce que ça change quelque chose ? Tu sais, c'est différent aujourd'hui…

9 Garder son sang-froid

25 *17h00.* Je passe la main sur l'arbre de Maurice. Je n'arrête pas de penser à ce que mon grand-père dit sur les békés en Martinique. Je réfléchis aussi à ce que je vais répondre à Christian quand on entend de très grands coups faire

---

5 **un cerveau** ein Gehirn — 11 **appartenir à qc/qn** zu jdm/etw. gehören — 11 **une minorité** eine Minderheit — 15 **la généalogie** die Abstammung — 18 **un métis/ une métisse** ein Mischling — 19 **un mulâtre/une mulâtresse** ein Mulatte/eine Mulattin

bouger la maison. Les vitres des fenêtres gonflent tout à coup. J'ai peur. J'ai la chair de poule. J'ai envie de crier, de pleurer, de me cacher, de partir. Mais pour aller où ? Une fenêtre s'ouvre brusquement dans un bruit de verre. Pourtant, la vitre ne casse pas. Des litres d'eau entrent dans la maison. Christian essaie de fermer la fenêtre, mais il ne peut pas. Le vent est trop fort. Papa Fernand arrive avec maman qui le tient par le bras comme si elle avait peur qu'il tombe. Mais, à 87 ans, même fragile, Papa Fernand est un chef d'orchestre tranquille qui dit ce qu'il faut faire avec sang-froid : 5

10

– Christian, va ouvrir une fenêtre de l'autre côté de la maison pour que le vent circule ! Sinon, ce sera la catastrophe !

Mon amoureux part aussitôt. 15

Est-ce que la fin du monde est pour bientôt ? Je ne peux plus bouger. La panique me paralyse. Je ne peux même plus parler. Je tremble de tout mon corps. Maman s'en aperçoit.

– Viens, Fanny, ma chérie. Christian va se débrouiller ! 20

Maman me donne une main, mais je reste figée comme une statue.

– Viens ! Tu vas y arriver !

Maman a confiance en moi, mais je pense qu'elle se trompe. J'ai trop peur. La maison vibre dans un bruit d'apocalypse. Et si le toit tombait sur nous ? Le vent fait grincer toute la maison. Maman répète : 25

– Viens ! On va aller dans le vestibule. C'est la pièce la plus sûre. Elle n'a pas de fenêtre. C'est plus prudent.

---

1 **une vitre** eine Fensterscheibe — 1 **gonfler** aufblasen, *hier:* vibrieren, fast berstend aufbrechen — 4 **brusquement** plötzlich — 10 **un(e) chef d'orchestre** ein(e) Dirigent(in) — 13 **sinon** sonst — 17 **paralyser qn** jdn lähmen — 18 **trembler de tout son corps** am ganzen Körper zittern — 21 **figé(e)** starr — 25 **vibrer** erzittern — 27 **grincer** knarren — 28 **un vestibule** eine Diele — 29 **prudent(e)** vorsichtig, ratsam

Je fais un pas vers elle et je prends sa main qui est chaude comme toujours. Je plonge mes yeux dans les siens et il me semble tout à coup la retrouver. Cela ne dure pas longtemps, mais, le temps de quelques secondes, ce regard
5 me dit tout ce que maman éprouve pour moi : l'amour, la fierté, la confiance.

Nous quittons vite la pièce et allons nous protéger dans le vestibule où maman a déjà tout installé et surtout le rocking- chair de Papa Fernand. Je demande :
10 – Ça va durer encore longtemps ?

Maman ne sait pas. Je l'aide à mettre des serviettes sous les portes à cause de l'eau qui entre partout dans la maison. Raphaël et Christian arrivent enfin.

Malgré le bruit de la pluie et du vent, Papa Fernand dort
15 déjà dans son rocking-chair. A cinq dans le vestibule, plus Schœlcher et Lucette, j'ai l'impression que nous nous cachons comme des enfants qui ont fait une cabane.

Est-ce le cyclone ? La conscience du danger ? Le sentiment bizarre que tout peut arriver, le pire comme le meilleur ?
20 Et si j'avais retrouvé ma mère ?

18h00. Le soleil se moque des cyclones. Il se couche tous les soirs à la même heure. Dans notre vestibule, nous ne voyons rien de ce qui se passe dehors, mais l'obscurité est plus forte. On a mis des lampes électriques et des
25 bougies. On entend, de temps en temps, le ronflement de Papa Fernand et c'est rassurant malgré le déluge. Lucette dort aussi sur les pieds du vieil homme. Avec Raphaël et Christian, on joue aux dominos. Ici, aux Antilles, tout le monde y joue. Maman nous regarde. Je lui souris.
30 La petite chatte va et vient entre maman et moi. J'ai encore perdu. Je laisse Christian et Raph jouer ensemble.

---

2 **plonger** tauchen — 2 **les siens** die Seinen — 5 **éprouver** empfinden — 6 **la fierté** der Stolz — 10 **durer** dauern — 17 **une cabane** eine Hütte — 18 **la conscience** das Bewusstsein — 23 **l'obscurité** die Dunkelheit — 25 **le ronflement** das Schnarchen — 26 **rassurant(e)** beruhigend

Je m'approche de l'oreille de maman et je lui pose la question qui me brûle les lèvres.

– La famille de papa, est-ce qu'on ira la voir ?

Maman soupire. Elle ferme les yeux comme si c'était enfin le moment pour elle de parler. Je vois qu'elle a la chair de 5
poule. Elle dit :

– Je ne crois pas. Ils n'ont jamais voulu d'enfants métisses chez eux. Ils ont toujours voulu rester entre blancs, entre békés.

– Ils étaient racistes, alors ? 10

– Oui, je crois. Mais Patrick n'était pas comme eux. Il avait 25 ans. Il pensait que ses parents finiraient par accepter un jour. Mais ils n'ont jamais accepté. Tu sais, mes parents non plus n'étaient pas d'accord….

– Mais Jean-Claude et Henriette ne sont pas racistes, 15
eux !

– C'était une autre époque. Pour eux, pour ton grand-père surtout, tous les békés étaient pareils. Patrick ne pouvait avoir envie que de profiter d'une « négresse » comme moi. Il m'avait interdit de le voir. Alors on se 20
cachait.

– Vous étiez vraiment amoureux ?

– Oui, c'était le grand amour. Ton père et moi, on avait décidé de se marier. Patrick le voulait surtout à cause de vous qui étiez dans mon ventre. On avait rendez-vous 25
le lendemain du jour où il a eu son accident... C'était notre secret. Une seule personne le savait : Man Té, ma grand-mère. Mais Patrick est mort et ses parents n'ont pas accepté que j'assiste à son enterrement.

– Pourquoi tu ne nous l'as pas dit avant ? 30

Le visage de maman est plein de larmes.

– Je pensais que vous étiez encore trop jeunes pour entendre cette histoire. Ce n'est pas facile de dire tout ça et de l'entendre aussi.

---

4 **soupirer** seufzen — 17 **une époque** eine Zeit — 24 **se marier** heiraten — 29 **assister à un enterrement** einer Beerdigung beiwohnen

- Et ta famille, tu lui en veux toujours ?
- Oui et non. Grâce à Raph et toi, je sais que je ne veux plus me disputer avec eux. Maintenant, je comprends mieux pourquoi ils ont réagi comme ça. Papa Jean-Claude s'est tellement battu pour les droits des Martiniquais. Mais le temps n'a pas tout effacé.
- Heureusement, tu avais ta grand-mère
- Seule ma grand-mère, Man Té, a toujours été là pour moi. Je venais souvent ici à Sainte-Anne. Je ne sais pas ce que Papa Fernand en pensait, mais il laissait faire. Tu sais, en Martinique, les femmes sont très fortes. C'est elle qui m'a donné l'argent pour partir et commencer une nouvelle vie en métropole.
- Tu n'as jamais revu Man Té ?
- Si, un soir, elle a appelé à la maison. Vous étiez encore tout petits. Elle m'a dit : « Tu viens me chercher, je suis à Luxembourg-ville ! » Elle avait pris l'avion toute seule.
- Oui, j'ai vu une photo avec elle. On avait quatre ans ?
- Oui. Elle vous adorait. Vous étiez ses « doudous chéris ». Elle est morte quelques mois plus tard. Raphaël était malade. Je n'ai pas pu aller en Martinique. Je l'aimais beaucoup, Man Té. C'est grâce à elle aussi que la famille a changé son regard sur moi…

Le vieux chat Schœlcher arrive tout à coup entre maman, la petite chatte et moi comme pour nous dire « Ça suffit, maintenant ! » Je le caresse, je pense à mes parents du temps où nous n'étions pas nés, Raphaël et moi. Je suis triste et heureuse à la fois. J'imagine que la vie de maman a dû être très dure et je comprends enfin pourquoi elle a voulu quitter son île, si petite que tout le monde se connaît et où elle a dû se sentir si seule. Elle me dit après un long moment de silence :

- J'ai envoyé un faire-part de naissance aux parents de Patrick, mais aucun Delalande ne m'a répondu.

---

1 **en vouloir à qn** jdm etw. übel nehmen — 6 **effacer** (aus)löschen, *hier:* vergessen machen — 33 **un faire-part de naissance** eine Geburtskarte

J'embrasse maman. Je la prends dans mes bras comme si elle était un bébé.

– Ma petite maman…

J'ai encore plein de questions dans ma tête. Mais, pour le moment, j'en ai posé assez. Peut-être qu'un jour, j'irai voir les Delalande. Je ne sais pas encore. Ce que je sais, c'est que je ne veux plus perdre maman.

18h30. Raph nous regarde maman et moi. Il a l'air content de nous voir parler ensemble. La radio annonce que l'alerte est grise maintenant. Il faut toujours faire attention, mais le cyclone est passé. Nous sortons. Dehors, la nuit est opaque. Dans le jardin, des arbres sont par terre. L'un d'entre eux s'est même couché sur la maison. Demain, nous pourrons nous rendre compte des dégâts. Christian me serre dans ses bras. J'entends Papa Fernand annoncer à maman :

– Maintenant, c'est l'heure du Ti Punch !

Et Raphaël qui lui répond :

– Pa ni pwoblèm !

Moi, je n'ai plus peur.

---

12 **opaque** undurchsichtig, *hier eher:* tiefschwarz — 14 **un dégât** ein Schaden

Pendant la lecture

Chapitre 1

1. La Martinique :

a) Faites la liste de tout ce que vous savez déjà sur la Martinique puis contrôlez vos informations.

b) Préparez une « carte d'identité » *(Basisdaten)* de cette île française. Dessinez aussi sa carte géographique.

2. Quand Fanny a peur, que fait-elle ? Expliquez.
   Et vous, avez-vous une méthode contre la peur ? Laquelle ?

Chapitre 2

1. Faites le portrait de Papa Fernand. Que pensez-vous de cet arrière-grand-père ?

2. A votre avis, pourquoi est-ce que Fanny n'est jamais venue à la Martinique avant cet été ?

Chapitre 3

1. Cochez la ou les bonnes réponses.

a) Le voyage en Martinique, c'est ☐ une idée de Jeanne ☐ un rêve de Fanny et de Raph ☐ un vieux projet des enfants et de leur mère.

b) Ils souhaitent faire ce voyage ☐ depuis 14 ans ☐ depuis 8 mois ☐ depuis le printemps.

c) Fanny et Raph ont ☐ un problème avec leur mère ☐ des yeux verts ☐ le même avis sur tout.

d) Pour Raph, ils ne doivent pas parler avec leur mère ☐ des problèmes de la Martinique ☐ de la mort de leur père ☐ de la fin des vacances.

e) Raph a décidé ☐ d'apprendre le créole ☐ de rester à la Martinique ☐ de ne plus parler français pendant le voyage.

2. Rassemblez *(Sammelt)* toutes les informations sur la famille de Fanny et faites l'arbre généalogique *(Stammbaum)* de la jeune fille.

Chapitre 4

1. Mettez les phrases dans le bon ordre.	N°
Fanny est inquiète pour Christian. Tout peut arriver pendant un cyclone.	
Devant les toilettes, Fanny se dispute avec sa mère.	
Fanny va dans les toilettes pour être tranquille.	
Mais personne ne parle dans le téléphone. Est-ce que la ligne est coupée ?	
Bonne nouvelle : Christian téléphone à Fanny.	

2. Jeanne dit à Fanny : « A 14 ans, on ne tombe pas amoureux pour toute la vie ! ». Qu'en pensez-vous ?

Chapitre 5

1. Cherchez dix mots qui concernent la Martinique. Attention, certains mots peuvent être au pluriel !

A	N	T	I	L	L	E	S	M	C
P	X	B	A	D	U	N	I	Z	Y
L	A	G	E	R	O	U	G	E	C
A	L	E	R	B	I	V	G	I	L
G	E	O	O	A	L	I	H	S	O
E	R	L	P	R	E	C	S	A	N
S	T	I	O	S	A	B	L	E	E
I	E	A	R	D	O	U	D	O	U
O	V	N	T	J	U	L	B	E	N
B	A	T	E	A	U	X	A	S	P

2. Vous avez déjà appris beaucoup sur les cyclones. Faites maintenant la liste des choses que l'on doit faire et la liste des choses que l'on ne doit pas faire quand un cyclone arrive.

   (Vous pouvez ensuite comparer votre liste avec d'autres listes que l'on trouve sur Internet. Mots clés : *cyclone, voyage, consignes de sécurité.*)

3. Complétez la carte d'identité et la carte géographique de la Martinique du chapitre 1, avec les nouvelles informations.

Chapitre 6

1. Faites un tableau : écrivez d'un côté les aspects positifs ☺ de la Martinique et de l'autre les aspects négatifs ☹ de l'île.

2. Comment comprenez-vous la phrase : « Un paradis, la Martinique ? Ça dépend pour qui ! »

Chapitre 7

1. Pourquoi Papa Fernand est-il en colère contre Christian ? Expliquez.

2. Qu'est-ce qui arrête la dispute entre Fanny et sa mère à la fin du chapitre ?

Chapitre 8

1. Qu'est-ce que Papa Fernand veut expliquer à Fanny avec l'arbre de Maurice ?

2. Christian vient d'une famille de békés. A votre avis, est-ce que cela va changer quelque chose pour Fanny ?

Chapitre 9

1. Le secret:
   Pourquoi Jeanne est-elle partie de Martinique après la naissance de ses enfants ?

2. Comment comprenez-vous cette phrase: « Grâce à Raph et toi, je sais que je ne veux plus me disputer avec eux. » Pourquoi Jeanne a-t-elle changé d'avis?

3. Vrai ou faux ?	V	F
a) Le cyclone énerve beaucoup Papa Fernand.		
b) Pendant un cyclone, une pièce sûre est une pièce sans fenêtre.		
c) Ils attendent ensemble toute la nuit, la fin du cyclone.		
d) La violence du vent casse une fenêtre de la chambre.		
e) Les parents de Jeanne ont accepté le copain béké de leur fille.		
f) Man Té a toujours aidé et compris Jeanne.		
g) La veille de l'accident, Jeanne et Patrick se sont beaucoup disputés.		

4. Comparez l'évolution du cyclone (depuis le début du livre) avec l'évolution de la relation entre Fanny et sa mère. Qu'est-ce que vous remarquez? Quel rôle joue le cyclone sur l'évolution de leur relation?

Après la lecture

I La suite …

1. Imaginez ce qui se passe le lendemain matin après le cyclone. Choisissez une des trois hypothèses et racontez la suite de l'histoire :

   a) Maurice arrive chez son Papa Fernand.
   b) Fanny, Christian et Raphaël vont aider les voisins.
   c) Personne n'est encore réveillé quand le téléphone sonne.

2. Plus tard, Fanny raconte à Raphaël ce que lui a dit sa mère. Ecrivez le dialogue entre le frère et la sœur.

3. Fanny est rentrée en France. Elle voudrait écrire une lettre aux parents de son père. A votre avis, doit-elle écrire cette lettre ? Quels conseils pouvez-vous lui donner ?

II Projets de classe

1. Transformez un ou plusieurs chapitres du roman en scènes pour le théâtre. Puis jouez-les.

2. Imaginez et réalisez une publicité (affiche, scénario d'un film) pour la Martinique. N'oubliez pas de trouver un slogan.

3. Choisissez un endroit *(Ort)* de Martinique où vous aimeriez aller et imaginez la page d'un carnet de voyage (textes, photos, etc.)

4. Comme Raph, créez un petit lexique français-créole qui pourrait vous servir lors d'un voyage en Martinique. Cela plairait beaucoup aux Martiniquais !

III Quiz

Connaissez-vous la Martinique ?

a. La Martinique n'est pas très loin…
   ☐ de l'Australie.   ☐ du Canada.   ☐ du Venezuela.

b. L'autre île des Antilles françaises, c'est…
   ☐ la Corse.   ☐ la Guadeloupe.   ☐ Belle-Île.

c. Schœlcher est l'homme…
   ☐ qui a inventé le rhum.   ☐ qui a dit non à l'esclavage.   ☐ qui a découvert l'île.

d. Elles sont en danger à la Martinique :
   ☐ les bananes.   ☐ les tortues.   ☐ les plages.

e. Aimé Césaire, c'est…
   ☐ un écrivain *(Schriftsteller)*.   ☐ un cuisinier.
   ☐ un sportif.

f. La capitale de la Martinique, c'est…
   ☐ Sainte-Anne.   ☐ La Trinité.   ☐ Fort-de-France.

g. Les « békés », ce sont les descendants…
   ☐ des « métros ».   ☐ des colons.   ☐ des esclaves.

h. On fait le rhum à partir…
   ☐ des bananes.   ☐ de la canne à sucre.
   ☐ du lait de coco.